tanzendes glück?

rebecca klein

tanzendes glück?

Gedichtesammlung einer Frau mit Autismus
von 1997 bis 2009

Bibliografische Information der Deutschen Nationalbibliothek
Die Deutsche Nationalbibliothek verzeichnet diese Publikation
in der Deutschen Nationalbibliografie; detaillierte bibliografische
Daten sind im Internet über http://dnb.d-nb.de abrufbar.

© 2009 Rebecca Klein
Alle Rechte bei der Autorin
www.trauminsel47drei.de
Coverbild: Ursula Schmidtner, Augsburg, Diplom-Kunsttherapeutin,
uschmi@xyz.de
Foto Rückseite: Siegbert Klein (Rebecca Klein, Juni 2009 in Elba)
Umschlagdesign, Satz, Herstellung und Verlag:
Books on Demand GmbH, Norderstedt
ISBN 978-3-8391-1956-3

ich widme mein gedichtband
»tanzendes glück«
christa von treuberg,
meiner treuen,
bergeversetzenden psychotherapeutin
»du heilender baum«

august 2009
rebecca klein

danksagung
mom und daddy, für ihre liebe,
margit, meiner heimeligen assistentin,
christa, meiner treuen therapeutin,
und allen menschen, die mir helfen mein gedicht »trauminsel«
wirklichkeit werden zu lassen.

Inhalt

WAS IST FC?

Bei der »Gestützten Kommunikation«
(engl.: »Facilitated Communication« = »FC«) handelt es sich um eine Methode aus dem Spektrum der Unterstützten Kommunikation.

Diese Methode ermöglicht es manchen Menschen mit schweren kommunikativen Beeinträchtigungen durch gestütztes Zeigen z.B. auf Objekte, Bilder oder Buchstaben zu kommunizieren. Der Stützer gibt physische, verbale und emotionale Hilfestellungen.

Durch die körperliche Stütze werden neuromotorische Probleme verringert und funktionale Bewegungsmuster trainiert. Das Training kann bis zum unabhängigen Zeigen, der selbstständigen Nutzung eines Kommunikationsgerätes und zur Erweiterung von Handlungskompetenzen führen.

(nähere Info: www.fc-netz.de)

DORT IN DER HÖLLE

riesige angst hatte
große schmerzen hatte
»augenblickeninsleere«

vertrauen verlor
freuen verlor
»augenblickeninsleere«

antworten suchte
fragen stellte
»aufgabnie«

starb 1000 tode
nah nur tod war
»menschennienahwar«

sagten bin böse
dachte bin schlecht
dabeinurkindwar«

grabesreden hielten
dddrrrooohhhttteeennn mit tod
»lebenochimmer«

ganz viele bin
ganz stumm bin
»abergeradedeshalbkämpfeweiter«

ahne nur böses
hasse nur tat
»abergabhoffnungnieauf«!

sah körper von oben
bin außer mir
»suchemich«

seele nie verdarben
körper nie verlor
»warniedabei«!

ging fort
kam wieder
»waswargeschehen«?

sind nun viele
teilten leid auf
harteseinenieerträgt«!

ganz gut noch sehe
ganz gut noch höre
»beginnenunzuleben«

bin wortlos
bin gelähmt
»haltneueserfahreerstjetzt«!

autistisch bin
multiple bin
aber nicht verrückt
»verrücktsaheinsinddietäter«

gott wo bist du?
DORT IN DER HÖLLE ------?
EINE VON VIELEN

12. märz.1997

land in sicht

lange auf einer insel namens autismus wohnte
lust hatte nie sie zu verlassen
ich kannte ja nichts anderes
sie war grau und dunkel
buntes und helles sah nie
weinte nur vor gram
grollte nur vor langeweile
starb viele tode
ertrug arges ganz einsam

eines tages kam die »gestützte kommunikation« in mein leben
sie machte mir ganz viel mut
vorher nur stumm nach antworten suchte
fand nun sprache durch fc
fc mir mut machte eines nachts zu fliehen
insel verliess

als ich den ersten satz schrieb stieg ich auf ein boot
aufgebe insel nur mit lachenden augen
hoffe dass ich mal auf festen boden stehe
im boot bin nur sehr wackelig auf den beinen
nun bin ich gefangene des bootes
psychotherapie mein navigator ist

nur nachts füsse betreten erde
dabei mir noch nass mache
tagsüber bin auf dem meer
lieber wäre an land im trockenen
bin nie kühn
kaum anfange zu leben auf dem meer

lust habe an land zu gehen wenn die sonne scheint
regenbogen nur sehe
habe hoffnung nie aufgegeben
hurra land in sicht
hartes kaltes inselleben nur aufgebe gegen leben an land
IM OSTEN GEHT DIE SONNE AUF

LAND IN SICHT
17 jahre

juli 97

angst

tassen mir aus der hand fallen befürchte
sicherheit nie habe
handle nie
aus angst

redesatzsoforttotumfalle
tot bin redend
rede nie
aus angst

mag gutes tun um hölle zu entkommen
bin unfähig zu gutem
gutes nie tue
aus angst

sahen mir menschen an behinderung
verhalten verrücktes nie aufgebe
nie normal mich verhalte
aus angst

leben lief davon
kaum lernte leben
nie lebe gut
aus angst

schreibe, verwirre menschen nur
nie korrekte grammatik anwende
schreibe fehlerhaft
aus angst

rauhgottmitmirumgeht
einmal glaube, einmal nicht
zweifle nur
aus angst

gutes nur anzuzweifeln ist
nur wenig vertraue
vertraue niemand
aus angst

lockerer bin sehr selten
merke bin sehr angespannt
bin voller anspannung
aus angst

tiefes glück nie erlebte
bin selten glücklich
freude nie spüre
vor großer angst

ANGST nur hindert mich am LAUFEN
MÖCHTE INS LEBEN RENNEN

september 97

heilendes meer

wir sind uns innen sehr ähnlich
deine nöte ich gut kenne
doch siehst du die endlosen weiten des meeres
dir ganz vieles klar wird
glück spülts meer an
und trauer sichs meer holt
wellen ideen bringen
sie halt umspülen deine seele
das reinigende rauhe wasser heilt

da lag ich im sande
dir ganz gutes wünsche im leben
so zahlreich wie die sandkörner an deinem
traumstrand

an alle seelenverwandten

august 1999

angst

angst
rauhes hartes rohes gefühl
angst
zittriges arges faules gefühl
angst
erstickendes unerträgliches böses gefühl
angst
anstrengendes ohnmächtiges qualvolles gefühl
angst
ds ds ds* gefühl
angst
hilfloses hundeelendes ruheloses gefühl
angst
zauderndes verbietendes gemeines gefühl
angst
darbes genageltes genaues gefühl
angst
totes verzweifeltes lähmendes gefühl
angst
aufgebendes echtseriöses anstrengendes gefühl
angst
schweres dunkles schmerzvolles gefühl
angst
kollergefühl
angst
zangenherzgefühl
angst
einsames gefühl

angst
angab angab ANGSTGEFÜHLE
seriöses angstherz rebecca

september 1999

---

*   »ds« heisst daumenschrauben

mienenspiele

kesses blickchen
arges toesen
kühnes gerede
guetiges geschaue
anstaendiges vorbeisehen
unverbluemtes gaffen
verschaemtes gegrinse
erregtes getue
ablenkendes hadern
ruhiges vortragen
boesartiges hassen
ablehnendes winken
freundliches zunicken
aufgebendes tranen
fragendes ansehen
arges wissen
gequaeltes geheimnis
freuendes gesicht
trauerndes gesicht
staunender gesegneter blick

zulinkistsmienenspiel

wie erkenne ich obs EHRLICH heute soeben gemeint ist?
die FALSCHHEIT erkenne ich an den augen!
sehe ich ins auge
weiss ich wer frisch lügt
rohes kaum auge verbirgt
aber gabe viele halt haben sich tarnend die augen zu verbergen
serioeses mienenspiel augen nie versteckt

deshalb blicke allen ins gesicht
sehr sehr ehrliches kannst erkennen

abgab nun angst mich in menschen zu taeuschen

age 19 gerade noch renne ins 20igste rebecca

22.oktober.99

dunkle nacht der seele

glück und trauer sich kreuzen
wer die trauer klar spürt
lockert die seele auf fürs glück
wer das glück kennt
erfasste es durchs trauern
wer den dunklen seelenkanal durchwanderte
wird ins licht geführt
seelentrost warmer halt öffnet die schleusen
um ins glück zu fahren
ohne tief erfahrenes leid
WAGE ES ZU BEHAUPTEN
ist wahres glück nie möglich
durchs harte los wurde geläutert
ach bin nun glück und leid gewillt zu spüren
beides gehört zusammen
eins ohne dass andere nie existiert
darf glücklichsein
trotz unsagbarer leiden
arges leid helfen kann
glücklichsein erst richtig zu erfahren

20igjährige* rebecca

27. oktober 1999

---

*   ich schrieb dieses gedicht an meinem 20ten geburtstag

berg- und talfahrt

das leben besteht aus vielen umwegen

um freuen zu lernen, muss trauern erleiden
um angst auszuhalten, muss mut beweisen
um lachen zu können, muss mir weinen erlauben
um misstrauen zu verlieren, muss vertrauen zulassen
um realistisch zu werden, muss mir phantasien eingestehen
um hölle zu entkommen, muss mir himmel erdenken
um güte zu spüren, muss hassen aushalten
um hilfe zu bekommen, muss hilflossein zugeben
um tiefes lernen zu erleben, muss dummsein erkennen

achtete nie auf kurven im leben
hinter jeder kurve erwartet mich aber neues ungelebtes leben
bin nun gespannt auf rasante fahrten ins leben
fuhr nie hoch hinauf
talfahrten habe viele schon hinter mir
berge noch nie bestieg
berge müssen erklommen werden und sind sehr sehr gefährlich
auch täler sind nicht ohne gefahr erreichbar
ertrage nie abstürzen ins tal
aber arg gerne stünde auf dem berg um hinabzuschauen
durchs berge versetzen möchte heilen
unmöglich ist's nie für mich
tiefe schluchten durchwanderte schon
nun möchte mal hoch hinaus
leiste mir flügel aus hoffnung
um hochzufliegen
auf den gipfel des berges

märz 2000

AUS TOR WIRD MENSCH

malignes gespräch belauschte
heißt nicht ich bin zu neugierig
doch es ging schließlich um mich

»sieh mal wie die aussieht«! (1.person)
»halt total vezerrtes gesicht hat« (2.person) usw.........
»hörst du sie stammeln«?
»nichts kann davon verstehen«!
»schau wie die sich bewegt«!
»total tramplig halt«!
»möchte mal wissen was in der so vorgeht«!
»bestimmt nur wirres zeug«!
»hast du gesehen wie die ißt«?
»schlingt ohne zu kauen alles runter«!
»die kann doch bestimmt nichts arbeiten«!
»was das den steuerzahler kostet«!
»bei hitler hätte man die längst verg......
»bsbsbsbsbs«!
»sterben wäre für die doch ein segen«!
»ist doch lebensunwertes leben«!

« ihr täuscht euch sicher«! (3.person)
»etwas hat sie an sich«!
»etliche male mir ins gesicht sah«!
»warum nur sieht die mich so an«!
»oje, bin ich o k«?
»arg möchte ihren tiefen blick ausweichen«!
»sie sieht mir mitten in die seele«!
»ich meine sie hat alles verstanden«!

WARUM NUR HABEN DIE MICH SATT?
BIN HALT SO WIE ICH BIN!
BIN MENSCH WIE SIE
ARG BRÜCHIG ISTS IN MIR
BIN ZU BEHINDERT UM DAZUZUGEHÖREN
ROH NUR ÜBER MICH REDEN
DABEI VERSTEHE ALLES
WÜTEND BIN UND TRAURIG
MÖCHTE NUR DAZUGEHÖREN
DA KOMMT JEMAND DAHER UND HILFT MIR
SETZT SICH FÜR MICH EIN UND NIMMT MICH ERNST
AUS TOR WIRD MENSCH

so oder ähnlich schon viel gespräche belauschte
rebecca

märz 2000

arges kieselsteinleben

arg tausendfach sich ähneln auf den ersten blick
trauen sich nie aus der menge heraus
verstecken sich hinter anderen steinchen
trachten nie danach einzeln in erscheinung zu treten
seriöses beisammenbleiben macht doch das kieselsteinleben erst aus
ohne die anderen wäre man doch nur sehr alleine
segen sind alle um einen herum
arg auffiel mir, dass jeder stein für sich einzigartig ist
sattes grün und glänzendes schwarz
leuchtendes rot und vornehmes grau
jeder stein hat andere ecken und kanten
meinte, ich bin zu stein erstarrt
roher stein, so allein mitten in der menge
hurras rufe, freiheit habe mich trostlosen stein davon zurollen
bin dann einzigartig und alleine
findet mich dann ein ganz besonderer mensch
und ich glänze dann in sein leben
als mensch ich dann erwachen werde

juni 2000

ethik für menschen mit behinderungen

ottonormalverbraucher bin ich wie alle
werde nur behindert durch oje mich selbst
leiste mir halt blockade autistische
aber ich behindere nie andere
hihihi außer meinen eltern
viele male habe ganz besondere menschen beobachtet
checkte sind nie behindert sondern verhindert
verhindert am leben teilzunehmen wie alle

blinde werden sehend durchs genaue beschreiben alles schönen
lahme werden gehend durchs helfende begleiten
an gewünschte orte
taube werden hörend durchs genaue sprechen mit den lippen
stumme werden sprechend durchs genaue lesen
ihres geschriebenen
narren werden klarer durchs gute vorleben heilender regeln
toren werden klüger durchs geduldige erklären des lebens
wenn nur genügend menschen sich zeit für diese besonderen
menschen nehmen
gelingt es allen am leben teilzunehmen
unidee ists nie

november 2000

glasaugen

glasaugen habe sehende
halt durchblick habe auch so
leiste mir vorbeisehen
allerlei schreckliche anblicke meide so
augenlos war als stumme autistin
blickkontakte restlos vermied
halt giere nur nach gütigen blicken
lieblosen blicken ich ausweiche
augenblicke deute
leidvolle blicke immens mir weh tun
sattes freuen ich lieber erspähe
wagen will endlich dingen ins auge zu sehen
doch meine uralten kinderaugen sahen zuviel

restlossehenderebecca

november 2000

warten auf ein kind

in dir ein riesenwunder geschieht
wie unzählige male den frauen
ein menschlein wächst heran
sehr winzig ist noch und unfertig
sehr hilflos ist noch und zart
sehr still ist noch und liebesbedürftig
doch es fühlt alles mit
ach nimm es so an wie es ist
als bub oder mädchen
ob ruhig oder lärmend
ob frech oder brav
auch dumm oder klug
es ist wie es ist
ganz genau richtig
ertrage seine launen
doch setze ihm grenzen
ach habe es lieb
so wie es halt ist
sagenhaft wichtig bist du für es
vergiss nie es ist ein geschenk
eines tages da geht es
und du bist dann traurig
doch so ist der lauf der natur
solange du lebst aber
wird es dein kind sein
die liebe der mutter
ist doch unersätzlich
ach schätze deine aufgabe
sie ist riesengroß
sei echt und ehrlich

sei liebend und schützend
sei grenzen setzend und klar
auch freuend und trauernd
denn gefühle sind rar
aber eines tages fühlt es genau
du bist doch die mutter
die es hat gebraucht
dann wird ein neues wunder geschehen

restlose rebecca

april 2001

ich schrieb dieses gedicht einer schwangeren klassenkameradin, als
ich gastschülerin auf dem gymnasium war. oje, mutter war doch ge-
nauso jung, als sie mit mir schwanger war.

allen leidenden

stolzes innerlich abnimmt
ulkiges innen flieht
angstvolles innen ansteigt
zögerndes innen zunimmt
frohes innen geht
trauern innen kommt
wille innen arg schwach wird
handeln immens schwer fällt
denken immens eingeengt ist

ABER HOFFEN INNEN MUSS BLEIBEN

ohne hoffen innen ist's leiden nie auszuhalten
gutes innen zunimmt durchs gütige verstehen
arges lockeres innenleben möchte nie mehr aufgeben
das dauerhafte leidenauslösende uhrenzurückdrehende denken
ans ertragene müllgesehene mir zuviel ist

auja, nur ins fabelhafte satte hoffen möchte sehen
qualvolles leiden müde mich machte
will endlich waches mutiges leben leben
unmut ist auch mut
unsinn macht auch sinn
urstunde ist gekommen um zu heilen

juli 2002

über den tod

dachte nie, dass er zu jeden kommt
dabei weiß das jedes kind
er mitten in der nacht kommt
oder am helllichten tag
er ganz plötzlich kommt
oder sich lange vorher ankündigt
er dankbar erwartet wird
oder angstvoll verteufelt
er mit riesigen schmerzen kommt
oder sanft und friedlich
er selbst herbeigeführt wird
oder in mörders hand liegt
er holt sich ganz junge menschen
oder ururalte
er kommt in form eines unfalls
oder durch eine schwere erkrankung
er kommt als feind
oder als freund
nie werden wir ihn entrinnen
nur gast sind hier auf erden
doch wir kommen immer wieder
die seelen wandern doch bis zur erleuchtung
warte auf dich nie satter tod
du kommst ohne große einladung
schönes sterben mir wünsche
möchte mal klar und wissend sterben
bin dann alt und grau
mich dann eltern im jenseits empfangen

mag glauben mal ans weiterleben
sonst wäre das leben doch tot

rebecca

juli restloser 2003
angepasst im februar 2008

,kummer mir der tod nur durch den verlust von wertvollen menschen
bereitet, sachtes vorbereiten ist für uns alle aber dringend nötig. mein
opa, der vater meines vaters, starb urplötzlich im jahr 2003, dies war
der auslöser, mich intensiver damit zu beschäftigen. 2003 hatte ich
noch größere angst, deshalb passte ich das gedicht 2008 den neueren
gefühlen an.

lüfte geheimnis übers normgerechte verschiedensein

aha, »verschieden ist normal«
anderssein nur zu nötig ist
genaugenommen ist es, idee habe, nur zu naturgewollt
endlos vielfältiges leben es entfaltet
allerlei menschen sagenhaftes dadurch lernen
checke, ich bin ein teil davon
als **autistin** ich immens viel erkenne
achte sehr auf normen, da ich innerlich zu verloren bin
normen halten mich am leben
achte sehr aufs verschiedensein
da ich jahre zu umnachtete war
achte sehr aufs reden
da ich mundtot bin
achte sehr aufs handeln
da ich hilflos bin
achte sehr auf alles zaghafte
da ich zu direkt bin
achte sehr aufs böse
da ich gut sein will
achte sehr aufs gesundsein
da ich behinderte bin
achte auf heimliche blicke
da ich sehr auffällig bin
barrierefrei leben will
obwohl doch alle menschen hindernisse überwinden müssen
dinge ich mir rausnehme
die sich andere verbieten
tabu bin für männer
konnte »bsbsbs« nie einen für mich interessieren

bin halt zu verschieden für normale
reden möchte ich halt als stumme
sehen nöchten blinde
gehen möchten gelähmte
hören möchten taube
klug sein möchten toren
klar sein möchten narren
ach, »verschieden ist nie normal«
doch »normal ist es, verschieden zu sein«

september 2003
bin zu verschieden, um normal zu sein

sieger beim autorenwettbewerb »verschieden ist normal« anlässlich
des europäischen jahres der menschen mit behinderung 2003

rotes haar

ach ihr roten haare
es ist so leicht, wie schwer mit euch
ach ihr roten haare
ihr leidet so, wie ihr bewundert werdet
ach ihr roten haare
so viel gutes wie böses musstet schon hören
als pumuckl ihr verlacht wurdet
als pippi langstrumpf ihr verniedlicht wurdet
als karotte ihr beschimpft wurdet
als hexe ihr verleumdet wurdet
aber heimlich war immer stolz auf euch
wie kupfer ihr in der sonne leuchtet
dicht und glänzend euch im wind bewegt
eure länge ermöglicht viele verwandlungen
sachten umgang ihr verdient
wer weiß, wie lange ihr so rot sein dürft
ach ihr roten haare
einmal werdet ihr wie von der sonne bestrahlter schnee
aussehen
ach ihr roten haare
ihr werdet dann staunend ans rote dasein zurückdenken
ich wurde reich beschenkt mit euch
doch der preis war oft zu hoch
ihr lieben roten haare
seid ein immens lehrreiches beiwerk in meinem leben
danke!

rothaarige autistin

mai 2004

wüsten und meere

die innere heimat fehlt mir autistin
die innere landkarte führt nirgendwo hin
dieses höllenleben möchte verlassen

durch die wüste zog die kindheitsjahre
und sehnte mich nach einer blumenwiese
durch die meere schwamm die kindheitsjahre
und sehnte mich nach einem rettungsanker
dachte an eine hand die mich hält
um durch blühende landschaften zu wandern

benenne mal alles beim namen
diente der hölle
dabei war der himmel greifbar nah
doch ein kind ohne sprache
kann ihn nicht rufen
es ist unmöglich

die innere wüste sehnt sich nach blumenmeer
die innere landkarte wünscht sich ein ziel
durchs gestützte schreiben fand nun eine sprache
um endlich ziele festzulegen

es gibt keine wüste ohne oase
es gibt kein meer ohne insel
irgendwo dort draußen
werde mal meine heimat finden
und den himmel sehen

stumme, doch umso mehr sehende und hörende, autistin

august 2004

das gedachte gedicht

das gedachte gedicht
steigt gedanklich ins gefühl
um sich tatenlos zum denkanstoß zu verwandeln

das gedachte gedicht
steigt fühlbar in den kopf
um sich zug um zug in zügellose sätze zu verwandeln

das gedachte gedicht
wird anstößig regeln überwinden
um sich als farbenfrohes gedankenbild aufs papier zu
verdünnen

das satte dichterische bild wird bunter ohne regeln
aus dichtkunst wird überlegenes gedankengebilde
treueres denken wird gedichtet
freieres denken führt zur dichtkunst

das gedachte gedicht
noch nicht zu ende gedacht
ist noch roh und lüstern nach vollendung

freieres denken wird satt und bunt zu ende gebracht
das gedachte gedicht wird nur so zum gedicht
rohes unmögliches sich so offenbart
schönes wundervolles sich so offenbart
sachtes gedicht
freies gedicht
raues gedicht
weiches gedicht

»seriöseresöffnetsichinnerlich«

das vollendete gedicht

»dauerhaftstolzdichte«

august 2005

---

* Rebecca Klein, Einsendeaufgaben Studienmappe 1, August 2005, Lyrikstudium

satans dank ans licht

der satan ist in uns allen
wir lieben es, das böse nur ihm zuzuschreiben
dabei sind wir alle satanisch
satan möchte der trügerischen hölle gerne entkommen
er schüttete viel zu oft öl ins feuer
öffnest du dich dem licht satan
wirst auch du geboren im glück
deine hölle ist mir nicht fremd
auch der himmel ist mir sanft in erinnerung
ich öffnete mich dem guten
lichterwesen standen mir unsagbar hilfreich zur seite
auch den satan in mir
die erlösung in gott wurde auch ihm gewährt
es ist wie es ist
das gute und das licht verwandelt das böse und dunkle
in unermessliche liebe
der ewige kreislauf des »wiedergeborenwerdens«
wird erst dann aufhören, wenn satan zu gott wurde
amen!

rebecca klein, in diesem leben autistin

oktober 2005

lady blue

lange beine
tänzerin
abgeschminkt

ladytag
ladynacht
hast im gemach
abgeschminkt

hasst im gemach
gast im gemach
abgeschminkt

gassenhure

märz 2006

in neuen gewässern

hausen die unlustigen fische
mit deinen augen
indessen die lila täler eckig veitstanzen
wie höllenschlunde
auf seifenblasen rutschen
schmierseifen
aus unseren umnachteten augen
weint es
doch innen haust grausiges

april 2006

»haut retten«!

dünnhäutige autistenseele!
zu durchlässige haut!
blutende seele – blutige haut!
hautnahes leiden!
unter die haut gehend!
dickhäutiger schutz?
in meiner haut stecken?
endlich aus der haut schälen?

doch hält mein zartes, heiles,
alabasterfarbenes häutchen diese welt aus?
»zum aus der haut fahren«!

hautkranke* rebecca klein

november 2006
spezialhautklinik neukirchen/
haus rötz

ich litt 2 ganze jahre unter einer sehr schweren neurodermitis. das
gedicht schrieb ich der heilsamen psychologin der klinik.

gedicht

dichten ein GEDICHT !
gedicht ein GEDICHT ?
verdichtete gedichtetes
zum GEDICHT

du du dichter
zu dicht?
bin ich ganz dicht?
hielt zu zu lange dicht !

dichtende dichterin
rebecca klein

märz 2007

Ausgewählt für das Lyrik-Sammelband der Bibliothek deutschspra-
chiger Gedichte (Anthologie »Ausgewählte Werke X«)

wartung?

wartung, hadere, könnte nie ertragen
wartung, **warte**, **wärter** betreiben

wir **warten** nie mehr willenlos auf **wärter**
wir **warten** nie mehr aufs **gewartet** werden

wir **ERWARTEN** persönliche assistenz!
abwarten werden wir nur noch kurz!

ach, **zu warten** haben als unwürdiges leben?
zuwarten heißt untätig **warten** !

nein, das **warten** ist vorbei!
warum?
»NICHTS ÜBER UNS OHNE UNS«

märz 2007

Aus dem Wegweiser für Menschen mit Behinderung, Zentrum Bayern
Familie und Soziales, Landesversorgungsamt. Stand Januar 2006,
Seite 46, Absatz 4 unter Andere Hilfen:
*»Hilfe zur Pflege können behinderte Menschen erhalten, die so hilf-
los sind, dass sie nicht ohne **Wartung** und Pflege bleiben können.«

Wartung aus Wikipedia, der freien Enzyklopädie:
Als Wartung werden gemäß DIN 31051 (Stand 2003) Maßnahmen zur
Verzögerung des Abbaus des vorhandenen Abnutzungsvorrates der
Betrachtungseinheit verstanden.

Die Wartung wird im Allgemeinen in regelmäßigen Abständen und häufig von ausgebildetem Fachpersonal durchgeführt. So kann eine möglichst lange Lebensdauer und ein geringer Verschleiß der gewarteten Objekte gewährleistet werden. Fachgerechte Wartung ist oft auch
Bestandteil der Gewährleistung.

tanzendes glück

es traut sich raus
das glück
es verbarg sich nur zu gut
es ist vertrauen nötig
um es tanzen zu lassen

es bewegt sich im takt der freude
um das goldene leben zu genießen
es tanzt im kreis herum
um alles zu beherrschen
es springt in die lüfte
um alles hochleben zu lassen

es fühlt sich einfach herrlich an
um die seelen zu betören
es tut einfach gut
es ist nur nie zu halten
es verschwindet so schnell
wie es gekommen ist
warum ist es nur nie festzuhalten?

dabei hätte ich doch genug!
ich muss es nur begreifen um zuzugreifen
rasendes freuen und klirrendes lachen
ist immer nahe
wenn ich es einlade
das glück ist allgegenwärtig
und sooo vergänglich

wie 99 luftballons werde es fliegen lassen
ich werde mich nie darin verlieren
und trotzdem halte es fest
für einen unglaublichen augenblick
der immer wiederkehrt

glückliche autistin rebecca klein
an einem freitag den dreizehnten

april 2007

emotionen

kommen aus dunkelster nacht
empor an die wasseroberfläche,
spiegeln
sich im licht der sterne
um dann
herunterzufallen
auf die reelle erde
auf menschengeschichten
und schicksalsgeschehen

dezember 2007

du heilender baum

lehrst mich seit vielen jahren wurzeln zu schlagen
damals schwebte ich noch im all
lehrst mich mal die töne zu hören
da war alles noch ein furchtbarer knall

lehrst mich mal die farben zu sehen
da war die erde noch grau
halfst mir meine kindheit zu verstehen
nun wurde ich endlich zur endlich frau

lehrst mich die gezeiten zu ertragen
ebbe und flut waren mir zuviel
lehrst mich meine wirren gedanken zu ordnen
dadurch habe ich endlich ein ziel

lehrst mich die düfte der knospen zu riechen
ertrug nur schlimmen gestank
lehrst mich endlich gefühle zu fühlen
dafür gebührt dir mein größter dank

doch nun wachsen meine äste gen himmel
die wurzeln tief ins erdreich
mein stamm in die unendliche weite

meine zweige sind voller k n o s p e n
und DIE
sind am erblühen

danke dir christa*,
du heilender baum

rebecca
heil, trotz autistischer besonderheiten

03. februar 2008

---

* christa ist seit 1994 meine psychotherapeutin

trauminsel

ich hatte einen traum
es gab eine insel
mitten in meiner heimatstadt
da war ich eingebetet
in eine klare gemeinschaft
aus menschen im grünen bereich

dort lebten betagte wesen und heilsame kinder
auch menschen aus der ferne
glaubende und suchende
am körper oder an der seele leidende
auch solche mit gesegneter gesundheit
oder am lebensende

es war möglich
vertrauen zu haben
es war möglich
besonders zu sein
alle gehörten halt dazu
auch wir menschen mit behinderung

ich teilte dort mein nest
mit stummen seelenverwandten
restlos heilsame assistenten
waren unsere hilfreichen gefährten
tag und nacht
die innerlich freieren nachbarn
sahen unsere besonderheiten
als teil des ganzen

mein traum ging weiter
irgendwann gab es viele inseln
verbindende brücken halfen
gemeinsam statt einsam zu leben

ich erwachte
um zu begreifen
der traum wird wahr
will nur noch ein leben
»daheim statt im heim«

rebecca klein*
stumme frau mit autistischen besonderheiten

februar 2008

(bisher behördlich geführt als hundert prozent schwerbehindert, hilf-
los, schwerstpflegebedürftigkeit pflegestufe drei)

gwidmet momchen und elke bartz

unser blauer planet

es ist zu einmalig
dieses reisen
hoch über den wolken
von kontinent zu kontinent fliegend
die endlosen weiten des meeres
tief unter mir
wie soll ich meiner seele das reisen erklären?

alle kontinente bereiste schon
grenzenlose freiheit und gierige abenteuer
harte strapazen und enormer luxus
feinen spaß und arg grauenhaftes
alles bietest du
»leinen los«

farbenfrohe menschen durfte bestaunen
schwarze und weiße
rote und gelbe
bitterlich arme und sich zur schau stellende reiche
junge alte und alte junge
sowohl mit als auch ohne handicap

die herrlichkeiten der erde habe erfasst
europas spannende vielfältigkeit
amerikas große freiheit
asiens ruhelose quirlichkeit
afrikas heiße rote erde
australiens endloses outback

vertrollte mich nur ungern
von jedem einzelnen land
bietet diese einzigartige erde
doch unbeschreibliche schönheit
und abgrundtiefe hässlichkeit gleichermaßen
diese kugel spiegelt so gutes und böses

trauminseln beherbergten mich
auch **wüsten und meere**
berg und talfahrten brachte hinter mich
arges kieselsteinleben beobachtete
über den tod sinierte
die **dunkle nacht der seele** war mein ständiger begleiter
die **haut** musste mir **retten**
dadurch begegnete mir **tanzendes glück**
aber auch **allen leidenden** sah ins gesicht
und überall wurde mein **rotes haar** bestaunt

unzählige eltern dieser erde
warten auf ein kind
auch meine eltern warteten überlange auf mich
doch als du **heilender baum** in mein leben tratst
wurde ich endlich zum kind meiner eltern
sie fühlen sich schon länger auf der erde zuhause
und nun, nach zahlreichen reisen, auch ich.

geerdete rebecca klein
seit vielen jahren globetrotterin, trotz autistischer besonderheiten

märz 2008

gewidmet meinen eltern, denen ich das reisen verdanke
und christa meiner therapeutin als heilenden baum.

blumenfee

bunter vogel voller blumen
blumen blumen blumenfee
feenlichter
schwerlich gesichter
umkreisen leise
unliebsame weise
weise hin auf wort und tat
taten begangen
worte gehört
seelen gefressen
leben zerstört
weise leise
stumme weise
verklingt im wind
abermals sinnt
die fee ihr leid
zum lied erklungen
beherrsche mich nun
böse zungen
sagen mir leise
schweige mädchen

rebecca klein
stumme frau mit autistischen besonderheiten

april 2008

farbenspiele

lavendelblau erfährt im grau
die farben der liebe
himbeerrot erwägt im tod
die farben der liebe
grünes gras so hell und nass
ergrünt im leben
notwendig ist dass mal erspriest
dein großer geist
umhergereist
von ort zu ort
von hier nach dort
alsbald erströmt
ganz blau sich wähnt
von ort zu ort
von hier nach dort
vom strahlenmeer
ergötzt sich sehr
ein blütenmeer
wiegt sich im wind
geschwind, geschwind
höre mir zu
nur zu
dem farbenspiel der triebe

april 2008

flussbett

tut mir weh es so zu hören
mit den ohren
weh au weh
schmach erleide dann erneut
sich des schadens nie erfreut
meer aus tränen fließen dann
bach hinunter
weh au bach
hast viele stunden
mir meinen magen verdorben
im fluss der gefühle
nur zu böser bach
habs satt von dir ertrunken zu werden
hut ab sonne liebe sonne
trocknest alle meine tränen auf einmal weg
ach weh und ach
bach böser bach
verlasse nun deine ufer

april 2008

liederreigen

glas im regen
steht daneben
eine kleine maus

glas voll tränen
zu erwähnen
raus aus diesem haus

pusteblume auf dem felde
zugegossen von den tränen
glase ein den schmerz

mutters liebe hats gemacht
kinder voller pracht
entfalten ihre kleider

schneider bist ein böser mann
der nur kindern wehtun kann
sitzt nur da mit deiner latte
wirfst die kinder auf die matte

trotzdem geht auch deine zeit
vorbei

30. april 2008

totschlaggedicht

i like to be a hammer
und schlage alle worte tot
mausetot
bis alle erschlagen sind
dein töchterchen hats nie leicht gehabt
durfte nur tun was andere sagen

nun lebe endlich freier
mausetot schlage alle
die mir meine freiheit rauben
bin kindsein leid
nur zur freud anderer

versuchs mal alleine
ohne dich
tut mir zwar weh
aber egal

08. mai 2008

fenster ins ungewisse

stufen über stufen
hinauf und hinunter
bergab geht's
fremdes gefühl erreicht meine seele
dunkles gedicht erreicht mein herz
stufen über stufen
geleiten mich hinunter zu mir selbst
glück allein hilft
glück allein hilft
hol dir dein glück von der untersten stufe ab
dort liegt es geborgen
hol's dir ab
es muss nur noch ausgepackt werden
hinunter mit dir
zum glück
hol's dir ab
es wartet schon lange auf dich
werde nie müde
nur zu, hol's dir
erwarte nicht zu viel
denn nur das kann dir geschenkt werden
was vergangenheit geschaffen hat
erreicht es dich
dann hol's dir ab

12. dezember 2008

inklusion

es ist so wie es ist
heilsames
hallo ihr
vermeintlich **heilen** menschen
heilsames
erfährt ihr erst durch uns

wir
die sogenannten menschen mit schwerer behinderung
bringen sagenhaft heilsames
in diese **unheilvolle** welt

heilend ist es doch erst zu begreifen
das diese welt nur unsere schule ist
in diese schule des lebens können wir nur gemeinsam gehen
sagenhaft **heilsames** miteinander leben
lässt uns alle erst vollständig **heilen**

wir sind diejenigen die euch erst erkennen lassen
dass es werte gibt,
die wir mit wissenschaftlichen methoden nicht messen
können
warum wehrt ihr euch so dagegen
es ist doch möglich das leben zu lieben
in allen möglichen facetten

nur dadurch werden wir vollständig
in dem wir die dinge ehren die uns fehlen
uns ist es zur aufgabe gemacht worden
zu lernen mit unserer unvollkommenheit zu leben

und euch zu lehren dies auch mit eurer zu tun
bitte lasst uns ein teil vom ganzen bleiben
wir brauchen keine sonderwelten
ohne uns seid ihr doch auch nicht heil

inklusion ist eins zu sein mit der welt

august 2009

schlussworte von rebecca klein

liebe leserInnen meiner gedichte. bitte tragt dazu bei, dass wir menschen mit behinderung mitten in der gesellschaft leben können. sondert uns nicht in heime aus. auch menschen mit hohem hilfebedarf bis zu 24 stunden wollen unter euch leben. es war mir möglich 10 jahre heimerfahrung zu sammeln. ich weiß also wovon ich spreche. helft mir und meinen seelenverwandten dieses schicksal zu verhindern. unterstützt unser inklusives wohnprojekt trauminsel47drei e. v. ich meine es ist euch allen möglich euren teil dazu beizutragen, dass es einmal viele trauminseln in deutschland gibt. setzen wir doch einfach gemeinsam die un-konvention der rechte der menschen mit behinderung um.

www.trauminsel47drei.de

weitere veröffentlichungen von rebecca klein:

leinen los ins leben, isbn 3-8311-4671-3,
herstellung: books on demand gmbh
16,50 €, 217 seiten, februar 2003

das buch ist überall im buchhandel im deutschen sprachraum
und über den internetbuchhandel, z. b amazon.de, bol.de oder
libri.de erhältlich.

musikalisches hörbuch »tanzendes glück« von rebecca klein
und lisa schamberger bezug: rebecca klein, 18.50 € (16,50 €
cd, porto + verpackung 2,- €)

klein-rebecca-trauminsel@t-online.de